Entschädigungspflicht des Staates für Eingriffe in das private Flußeigentum nach bayerischem Recht

Nach einem Vortrag im wasserwirtschaftlichen Ausschuß des Bayerischen Industriellen-Verbandes

von

Dr. Max Arnold
Rechtsanwalt in München.

1931
München, Berlin und Leipzig
J. Schweitzer Verlag (Arthur Sellier)

Druck von Dr. Fr. P. Datterer & Cie., Freising-München.

Vorwort.

Die vorliegende Arbeit ist die im wesentlichen nur in der Form veränderte Wiedergabe eines Vortrags, den ich im wasserwirtschaftlichen Ausschuß des Bayerischen Industriellen-Verbandes, in der X. Sitzung vom 16. Okt. 1930, gehalten habe. Ich schulde dem Bayerischen Industriellen-Verbande Dank für die Anregung zu dieser Arbeit und für die Förderung ihrer Drucklegung; dem technischen Berater des Ausschusses, Herrn Ingenieur Carl Reindl, für technische Hinweise.

Schrifttum und Rechtsprechung sind erschöpfend benützt, Zitate und Polemik jedoch auf das Notwendige beschränkt.

Hinweise auf die Literatur befinden sich am Schlusse der Arbeit.

München, im Januar 1931.

Dr. Max Arnold.

Inhaltsübersicht.

Einleitung: Das Problem.

Das bayerische Wassergesetz vom 23. März 1907 wird mit Recht als eine Kodifikation des Wasserrechtes gerühmt, die, in klarem technischen Aufbau, ihre Aufgabe, die Grundlage für die Durchführung eines wirksamen Wasserschutzes und einer planvollen Wasserwirtschaft, unter gerechtem und billigem Ausgleich widerstreitender Interessen, zu schaffen, im wesentlichen glücklich gelöst hat.

Aber das bayerische Wassergesetz von 1907 ist in eine Übergangszeit der Energiewirtschaft gefallen. Man stand damals, in der Zeit nach dem Übergang von Ortszentralen zu Überlandwerken mit Spannungen bis zu ca. 50000 Volt, in den Anfängen einer systematischen Wasserkraftwirtschaft zum Zwecke der Elektrizitätsversorgung größerer Gebiete. Erst die allgemeine Einführung von Übertragungsspannungen von 100000 Volt hat, in den Nachkriegsjahren, die Verlegung der Erzeugungsstätten von den Zentren der einzelnen Versorgungsgebiete zu den Kraftquellen und damit den Übergang zur Landeselektrizitätsversorgung ermöglicht. Er ist in Bayern durch die drei öffentlichen Landesversorgungsunternehmungen, die Großwasserkraftanlagen der Walchenseewerk AG. und der Mittleren Isar AG. und das Landesverteilungsnetz der Bayernwerk AG. vollzogen worden; deren Aktien bei der Bayernwerk AG. vollständig, bei der Walchenseewerk und der Mittleren Isar AG. zu $^8/_9$ im Besitze des bayerischen Staates, zu $^1/_9$ in dem der Deutschen Reichsbahngesellschaft sind.

Dieser Übergang zum Ausbau öffentlicher Großwasserkraftanlagen hat auch neue, von den gesetzgebenden Faktoren des Wassergesetzes nicht gesehene und nicht voraussehbare Probleme des Wasserrechtes aufgeworfen.

Der Großwasserkraftausbau faßt lange Flußstrecken unter Errichtung von Werkkanälen großer Abmessungen zu einer einheitlichen Ausnützung zusammen. (Als erläuterndes Beispiel sei auf die Anlagen der Mittleren Isar AG. hingewiesen, die, zur Ausnützung des rund 88 m betragenden Rohgefälles der Isar auf der rund 51,4 km langen Strecke zwischen München und Moosburg, das durch ein Wehr bei Oberföhring gestaute Isarwasser in einen teilweise bis zu 13 km vom Mutterfluß entfernt verlaufenden Werkkanal von 54 km Länge ableiten.) Der Wasserentzug aus dem Mutterfluß durch Werkkanäle großer Abmessungen bedingt die Trockenlegung des alten Flußlaufes für einen großen Teil des Jahres; er bedingt häufig auch, bei dem organischen Zusammenhang der Gewässer des Flußgebietes, eine Veränderung des Standes und Laufes des unsichtbar verzweigten Grundwassers zum Nachteil der Wasserführung anderer Flußläufe des Flußgebietes, und damit möglicherweise auch die Beeinträchtigung privaten Flußeigentums und privater Wasserbenützungsanlagen.

Gegenstand der folgenden besonderen Untersuchung ist die Frage:

Ist der Staat bzw. an seiner Stelle die öffentliche Unternehmung, unter der der Staat als Selbstwirtschafter auftritt, verpflichtet, dem privaten Flußeigentümer für die durch die Schmälerung bzw. Entziehung des ihm zustehenden notwendigen Betriebswassers und damit für die durch die Einschränkung bzw. Einstellung seines Wasserkraftbetriebes entstehenden Vermögensschäden Ersatz zu leisten, wenn diese Schäden durch die Errichtung und Unterhaltung einer staatseigenen Wasserkraftanlage am öffentlichen Flusse notwendig verursacht werden und sich durch technische Maßnahmen, aus technischen oder wirtschaftlichen Gründen, nicht abwenden lassen?

Die Entscheidung ergibt sich nicht aus einer positiven Bestimmung des Wassergesetzes; sie kann nur durch eine der technischen und wirtschaftlichen Entwicklung angepaßte rechtsfortbildende Auslegung des Gesetzes aus dem Geiste seiner grundlegenden Prinzipien im Rahmen der Gesamtrechtsordnung gefunden werden.

Bei der Rechtsfindung kann leider nicht auf festem Grunde weitergebaut werden. Denn es dürfte wohl kaum eine zweite Rechtsfigur geben, die in ihren rechtlichen Tatbestandsmerkmalen so umstritten wäre, wie die des privaten Flußeigentums nach bayerischem Rechte. Der Grund dafür ist nicht etwa zu suchen in einer verfehlten oder auch nur unklaren oder schwer verständlichen Regelung des Gesetzes. Er liegt vielmehr in der begriffsjuristischen Auslegung des Gesetzes durch Kommentatoren, welche das Flußeigentum nicht aus der besonderen Natur des Eigentumsobjekts, sondern aus dem vorgefaßten allgemeinen Rechtsbegriff des § 903 BGB. zu verstehen versuchen.

Es erscheint daher zunächst notwendig, den Begriff des privaten Flußeigentums des bayerischen Wassergesetzes selbständig zu entwickeln. Denn nur wenn Inhalt und Schranken des privaten Flußeigentums fest umrissen sind, läßt sich auch entscheiden, wann eine Beeinträchtigung dieses Rechtes vorliegt. (Teil I.)

Im Anschluß daran sind die Bestimmungen des Wassergesetzes über Voraussetzungen und Rechtswirkungen rechtmäßiger Eingriffe zur Förderung der Benützung und Instandhaltung der Gewässer in wohlerworbene Privatrechte, insbesondere in das private Flußeigentum, zu untersuchen, um daraus das grundlegende Prinzip des Wasserrechtes für Fälle von Kollisionen rechtmäßiger Interessen zu gewinnen. (Teil II.)

Erst dann kann die zur Untersuchung stehende Frage der Entschädigungspflicht des Staates für die durch Errichtung und Unterhaltung staatseigener Wasserkraftanlagen an öffentlichen Flüssen verursachte Beeinträchtigung privaten Flußeigentums und privater Wasserkraftanlagen entschieden werden. (Teil III.)

I. Teil.

Das private Flußeigentum des bayerischen Wassergesetzes vom 23. März 1907.

Das bayerische Wassergesetz vom 23. März 1907 regelt in Abteilung I die grundlegenden Eigentumsverhältnisse an Flüssen und Bächen wie folgt:

Alle Flüsse und Flußteile, welche zur Schiff- und Floßfahrt dienen, und deren Nebenarme (nicht Nebenflüsse) stehen als öffentliche Gewässer im Eigentum des Staates. (Art. 1 und 2; auch Art. 3, 4, 12; ferner bezüglich des Überganges der dem allgemeinen Verkehr dienenden Wasserstraßen auf das Reich Art. 97 Reichsverfassung, Reichsgesetz vom 29. Juli 1921, bayerisches Gesetz vom 23. September 1921.)

Die nicht schiff- und floßbaren Flüsse und Bäche sind Privatflüsse (-bäche). Sie stehen der Regel nach, als „Bestandteil der Grundstücke, zwischen denen sie hindurchfließen", im Eigentum der anliegenden Ufereigentümer nach Maßgabe der in Art. 21 II nach Längs- und Querprofil festgelegten Eigentumsgrenzen (Adjazenteneigentum; Art. 21). Sie können aber auch im Eigentum von Nichtanliegern stehen: Als Staatsprivatflüsse und -bäche im Eigentum des Staates (Art. 23), und als Privatflüsse und -bäche im Eigentum dritter Privater (Art. 24).

Von dieser grundsätzlichen Regelung abweichende, auf Privatrechtstiteln beruhende Eigentums-, Nutzungs- und sonstige Rechte, die beim Inkrafttreten des Wassergesetzes bestanden haben, sind durch Art. 207 WG. aufrechterhalten geblieben.

Die Bestimmungen der Abteilung I des Wassergesetzes mit der Überschrift „Eigentumsverhältnisse in und an den Gewässern" regeln für das Flußeigentum (und bei Privatflüssen, wie im folgenden immer inbegriffen, das Bacheigentum) im wesentlichen nur die Frage nach den Subjekten der Eigentumsrechte auf Grund der Einteilung der Gewässer, sowie die besonderen, von den allgemeinen Bestimmungen des Liegenschaftsrechtes abweichenden Erwerbs- und Verlustgründe des Eigentums am Fluß (-teil) und an seinen Bestandteilen.

Sie sagen jedoch rein gar nichts aus über den Begriff dieses Flußeigentums selbst, über seinen Inhalt und seine Schranken. Dieser kann nur aus den folgenden Bestimmungen des Gesetzes, insbesondere der **Abteilung** II über die „Benützung der Gewässer", und deren Auslegung auf natürlicher und wirtschaftlicher Grundlage verstanden werden.

Die herrschende Lehrmeinung geht den umgekehrten Weg: Vom abstrakten Begriff zum konkreten Gegenstand.

Als charakteristische Beispiele dieser Auslegungsmethode seien die von den Kommentatoren Harster-Cassimir[1]) und Eymann[2]) aufgestellten Theorien des privaten Flußeigentums in ihren Grundzügen dargestellt:

Wohl verleitet durch die kommentarmäßige Darstellung entwickeln sie zunächst, in ihren Erläuterungen zu den Bestimmungen der Abteilung I WG., das Flußeigentum aus einem vorgefaßten allgemeinen Rechtsbegriff, dem Eigentum des § 903 BGB. Und versuchen dann, in ihren Erläuterungen zu den Bestimmungen der Abteilung II WG., diesem so gewissermaßen im luftleeren Raum konstruierten Begriff eines Flußeigentums „an sich" die besonderen Bestimmungen des Wassergesetzes über den Inhalt und die Schranken des Flußeigentums anzupassen.

Dabei begreifen sie das Eigentum, von dem sie ausgehen, ganz im Sinne der Pandektendoktrin des 19. Jahrhunderts als grundsätzlich schrankenloses, ganz auf die Person des Eigentümers eingestelltes Verfügungs- und Ausschließungsrecht. Als absolute Macht des Eigentümers sowohl in Beziehung auf den Sachkörper, den er, in unmittelbar statischer Bindung, nach allen Richtungen hin tatsächlich und rechtlich beherrscht, als auch in Beziehung gegen die Volksgenossen, auf die er in Ausübung seines Eigentums Rücksicht zu nehmen nicht verpflichtet ist. Besondere gesetzliche Eigentumsbeschränkungen erscheinen gegenüber diesem „als solchem" schrankenlosen Eigentum als rein von außen kommende Beschränkungen, als Ausnahmen von der Regel, die das Eigentum nur in seinen Wirkungen, nicht in seinem begrifflichen Wesen beeinflussen können.

Naturgemäß ergeben sich Schwierigkeiten, das fließende Wasser „in seiner ständigen Flucht und Veränderung" als Objekt eines so begriffenen Eigentums zu begründen. Und hier scheiden sich denn auch die Meinungen der genannten Kommentatoren; und sie führen den seit Jahrhunderten mit scholastischer Schulweisheit geführten Lehrstreit über die Frage fort, ob das fließende Wasser (und hier wird wieder unterschieden zwischen der einzelnen Welle und der Totalität der jeweils das Wassergrundstück überflutenden Wassermenge) der menschlichen Beherrschung unterworfen und damit ein im Rechtssinne verkehrsfähiger Gegenstand ist, ob es insbesondere ein körperlicher Gegenstand, also eine Sache im Sinne des § 90 BGB. und ein mögliches Eigentumsobjekt im Sinne des § 903 BGB. ist. Sie kommen für das private Flußeigentum zu folgenden Ergebnissen:

[1]) Anmerkungen zu den Art. 2, 21, 23, 24, 44, 45, 47.
[2]) Anmerkungen zu diesen Artikeln und System. Übersicht Abt. I.

Harster-Cassimir bejahen die Eigentumsfähigkeit vermittels einer Fiktion der variablen Größe des fließenden Wassers als einer konstanten Größe. Und sie folgern daraus, daß der Flußeigentümer das Recht hat, nach § 903 BGB. mit dem Wassergrundstück nach Belieben zu verfahren und andere von jeder Einwirkung auszuschließen, also auch das sein Grundstück überflutende Wasser, ohne Rücksicht auf konkurrierende Rechte Dritter und ohne Rücksicht auf eigenen wirtschaftlichen Nutzen, schrankenlos zu verbrauchen; soweit nicht die positiven nachbarrechtlichen Eigentumsbeschränkungen des Wassergesetzes, Art. 45^{I}, 47^{I}, entgegenstehen, welche als Ausnahmebestimmungen strikte zu interpretieren sind.

Nach Eymann dagegen kann das fließende Wasser, als beharrliche res nullius, niemals Objekt des Eigentums oder eines anderen dinglichen Rechtes sein. Mit der Folgerung, daß das Flußeigentum des Wassergesetzes in ein Flußbetteigentum umgebogen, das nach natürlicher Grundlage und gesetzlicher Regelung einheitliche Eigentumsobjekt also künstlich zerrissen wird in zwei selbständige Rechte: nämlich in ein absolutes Eigentumsrecht am Flußbett und in ein bevorzugtes Aneignungs- und Benutzungsrecht an dem darüber hinfließenden Wasser. (Über dessen behauptete Rechtsnatur man sich, bei den widerspruchsvollen Ausführungen Eymanns, unmöglich ein Bild machen kann; jedes dingliche Recht am fließenden Wasser soll ja, natur- und rechtsnotwendig, ausgeschlossen sein.)

Auf das Für und Wider der konstruktiven Begründungen im einzelnen einzugehen, dürfte sich erübrigen. Daß die Frage nach der „menschlichen Beherrschungsmöglichkeit" des fließenden Wassers heute überhaupt noch gestellt werden kann, ist ein Beleg dafür, daß es oft nicht Gesetz und Rechte, sondern Lehrmeinungen sind, die sich wie eine ewige Krankeit forterben.

Die begriffsjuristische Methode der Auslegung des Flußeigentums, die heute noch die herrschende ist, muß notwendig entweder zu verkünstelten Konstruktionen führen oder zu Ergebnissen, die mit dem Gesetz und seiner praktischen Auslegung auf natürlicher Grundlage in Widerspruch stehen.

Weiter aber muß mit aller Deutlichkeit noch darauf hingewiesen werden:

Der Art. 65 EG.BGB. hat die Regelung des Wasserrechtes generell den Landesrechten zugewiesen. Das Landesrecht hat darnach souverän über die grundlegende Regelung der Rechtsverhältnisse an den Gewässern und über deren Ausgestaltung im einzelnen zu bestimmen. Es ist dabei auch nicht an die allgemeinen Vorschriften des BGB. und an die vom bürgerlichen Recht streng durchgeführte Geschlossenheit der sachenrechtlichen Rechtsfiguren gebunden. Das Flußeigentum des bayerischen Wassergesetzes muß darnach nicht Eigentum im Sinne des § 903 BGB. sein. Es ist zunächst das spezifische Flußeigentum des bayerischen Wassergesetzes vom 23. März 1907. Ob und inwiefern dieses Flußeigentum auch Eigentum im Sinne des bürgerlichen Rechtes sein kann und ist, ist besonders zu untersuchen.

Dieses Eigentum des § 903 BGB. aber ist nicht das universale und absolute Eigentum der Pandektendoktrin, von dem die Kommentatoren ausgehen. Es muß es wenigstens nicht sein; und es kann es nicht sein für ein Eigentumsobjekt wie das Wassergrundstück.

Eigentum, im deutschrechtlichen Sinne, ist nicht die schrankenlose und ausschließliche, sondern nur die oberste Herrschaftsgewalt, die neben dem Eigentümer als Berechtigten zugleich auch den Eigentümer als Verpflichteten sieht „Das deutsche Eigentum trägt Schranken in seinem Begriff" (Otto Gierke). Und im Vordergrund und den Inhalt des Eigentumsrechts bestimmend steht nicht der beherrschende Eigentümer, sondern die beherrschte Sache. So konkretisiert sich auch das Eigentum und gibt an beweglichen Sachen und Grundstücken, an Gebäuden, landwirtschaftlichen Grundbesitz, industriellen Unternehmungen, Wäldern und Privatflüssen usw. eine sehr verschiedene Rechtsstellung. Wobei der Schwerpunkt dieser Rechtsstellung, je nach der natürlichen Zweckbestimmung des konkreten Eigentumsobjekts, bald mehr in dem rein statischen Besitzen, bald mehr in dem dynamischen Ausnützendürfen, dem rechten Gebrauchen und Nutzen, liegt.

Wir haben hier nicht Stellung zu nehmen zu dem Problem des Eigentumsbegriffs als solchem, sondern zu dem **Problem des privaten Flußeigentums**. Und da kann es, bei der Natur des Eigentumsobjekts und bei der positiven gesetzlichen Regelung, nicht zweifelhaft sein, daß dieses Eigentum, ganz im Sinne des deutschen Privatrechts und seiner Fortentwicklung, sein kann nur ein aus dem Eigentum am Wassergrundstück fließendes dynamisches Nutzungsrecht am Flußlauf, dessen Beschränkungen in der Ausübung zum Inhalt des Eigentumsbegriffs gehören. Das soll im einzelnen nachgewiesen werden.

Ein Fluß erscheint uns auf der Landkarte als das Bild eines verzweigten Liniennetzes, das man treffend mit einem Baum vergleicht: Der Fuß ist die Mündung in das Meer, einen See oder einen anderen Fluß, der Stamm ist der Hauptfluß, die Zweige sind die Nebenflüsse verschiedener Ordnungen, die Spitzen der Zweige endlich sind die Quellen der einzelnen Wasserläufe; deren Gesamtheit das durch die Wasserscheide gegen die anliegenden Flußgebiete abgegrenzte Gewässernetz des Hauptflusses bildet.

Die Gesamtheit der Rezipienten eines Flußgebietes, alle zusammenhängenden Wasserläufe sowie deren Behälter in Form von größeren oder kleineren Seen mit ständig fließendem Abfluß, bildet ein organisch zusammenhängendes Ganzes. Dieser Zusammenhang ist nicht nur ein sichtbarer. Auch Oberflächenwasser und Grundwasser stehen in untrennbarem Zusammenhang. Der größte Teil des Grundwassers gelangt durch die Quellen in die offenen Wasserläufe. Und das im Flußbett strömende Wasser steht häufig mit den sich im Gebiete des Flußbettes hinziehenden unterirdischen Wasservorräten, dem Grundwasser, im Zusammenhang und tritt durch die durchlässigen Bodenschichten in diese unterirdischen wasserführenden

Schichten ein. Die Veränderung des Wasserlaufes eines Flußbettes, wie beispielsweise durch Tieferlegung der Sohle oder Stauung oder Ableitung des Wassers in einen Werkkanal, kann danach auch den Stand, die Menge und den Lauf des Grundwassers beeinflussen, und damit wieder die Wasserführung anderer durch das Grundwasser angereicherter Flüsse und Bäche des Flußgebietes.

Von dieser hydrographischen Grundtatsache des organischen Zusammenhangs der Gewässer eines Flußgebietes ausgehend hat das bayerische Wassergesetz die Rechtsverhältnisse an den Gewässern geregelt. Und von dieser natürlichen Grundlage, und nicht von vorgefaßten abstrakten Begriffen ausgehend müssen die Rechtsverhältnisse an den Gewässern auch ausgelegt werden.

Das private Flußeigentum ergreift den Wasserlauf als solchen, in seiner Konstanz, aber nur innerhalb der Eigentumsgrenzen des Wassergrundstücks. Innerhalb dieses räumlich ideell abgegrenzten und wirtschaftlich selbständigen Eigentumsobjektes kann der Eigentümer (und der dinglich Nutzungsberechtigte, Art. 210) seine Herrschaftsmacht tatsächlich und rechtlich ausüben.

Nicht, unter rein statischer Betrachtung, so, als ob „die gesamte in jedem Zeitteil im Flußbett des Wassergrundstücks enthaltene Wassermenge" (Harster-Cassimir), also ein bestimmter einzelner Abschnitt von Wasser und Wasserkraft, jeweils in rein körperhaftem Sinne in Besitz und Eigentum des Flußeigentümers überginge — (gegen welche Fiktion des statischen Eigentums an der im Wechsel der Erscheinung beharrenden Substanz des Wassers, dem Stoffwechselkreislauf tierischer und pflanzlicher Organismen vergleichbar, an sich nichts einzuwenden wäre, wenn sie zu brauchbaren Ergebnissen führte).

Sondern, unter rein dynamischer Betrachtung, so, daß der Flußeigentümer das primäre dingliche Recht hat, den Flußlauf: das Bett, das Wasser und die in der Wasserwelle lebenden, sich stets erneuernden nutzbaren Eigenschaften des Wassers innerhalb der Eigentumsgrenzen seines Wassergrundstücks zu jedem gebotenen Zwecke, jedoch in den durch Gesetz und Wasserpolizei (gegebenenfalls auch privatrechtliche Bindung) gezogenen Schranken, ausschließlich zu nützen und zu diesem Zwecke bleibende Anlagen am und im Flußlauf zu errichten.

Der wertvollste Bestandteil dieses Flußeigentums ist das Recht des Eigentümers auf die technische Ausnützung der Triebkraft des Wassers als des Produkts aus Wassermenge und Gefälle. Im Flußbett gestaut und von Kanal und Triebwerk gefangen wird die im Wasser liegende Energie der Bewegung und Lage nutzbar gemacht durch die Umsetzung in mechanische Arbeit. Ein dynamisches Eigentum in ganz betontem Sinne.

Das bayerische Wassergesetz begreift dieses Recht nicht als ein selbständiges Eigentumsobjekt, auch nicht als ein besonderes, mit dem Eigentum am Wassergrundstück verbundenes und so nach § 96 BGB. einen Bestandteil dieses Grundstücks bildendes Recht; sondern als Ausfluß des Eigentums am Wassergrundstück, das Flußbett und Wasser gleichermaßen, als eine natürliche und rechtliche Einheit umfaßt. Es ist ein praktisch wertvolles Problem, ob und inwieweit das Recht an Energien als selbständiges Eigentumsobjekt begriffen werden kann. Im bayerischen Wassergesetz finden sich Ansätze einer Anerkennung in der Zulässigkeit totaler und partieller Entziehung des Wassers und der Wasserkraft durch Eingriffe der staatlichen Wasserhoheit ohne Eingriffe in das zugehörige Betteigentum.

Mit dem dynamischen Flußeigentum soll nicht ein Begriff in das bayerische Wasserrecht eingeführt werden, der etwa nur eine dogmatische Krücke sein soll für den Nachweis der bestrittenen Eigentumsfähigkeit des fließenden Wassers. Vielmehr ergibt sich daraus der Schlüssel für das Verständnis des Wassereigentums nach Inhalt und Umfang auf seinen natürlichen und wirtschaftlichen Grundlagen und der darauf beruhenden Bestimmungen des bayerischen Wassergesetzes (wie aller neuen Wassergesetze, die ein Flußeigentum anerkennen).

Die Wasserläufe des Flußgebietes bilden eine natürliche Einheit. Bei keinem anderen Rechtsgute ist eine Kollision der Nutzungsbefugnisse in dem Maße möglich, wie bei dem fließenden Wasser. Daher ist auch nirgends so das Bedürfnis nach Beschränkung und Ausgleich vorhanden. Die Nutzungsbefugnisse des einen Eigentümers müssen weitgehendst beschränkt sein, wenn ihre Ausübung nicht die gleichartigen und gleichberechtigten Nutzungsbefugnisse des anderen, des Ober- und Unterliegers, illusorisch machen soll.

Die notwendig daraus entspringenden allgemeinen Beschränkungen des Flußeigentums, Pflichten des Eigentümers zum Unterlassen, zum Dulden und zum positiven Tun, sind, von welcher Seite sie auch kommen mögen, privatrechtliche wie öffentlichrechtliche, Beschränkungen seines Inhalts. Das dynamische Flußeigentum trägt die allgemeinen Schranken seiner Ausübung, ganz im Sinne des deutschrechtlichen Eigentums, in seinem Begriff.

Pflicht zur schonungsvollen Nutzung ist das beherrschende Prinzip. Ihm verleiht der in seiner umfassenden Bedeutung vielfach nicht richtig erkannte Art. 44 WG. Ausdruck dahin, daß der private Flußeigentümer das Wasser nur mit Rücksicht auf die Rechte der übrigen Flußeigentümer und der sonstigen Wasserberechtigten benützen darf. Die nachfolgenden Bestimmungen der Art. 45I, 47I geben in sinnfälligen Beispielen verbotener Nutzung nur die nähere Erläuterung dieses grundlegenden Gebotes positiver Rücksicht.

Aus dem wichtigen Grundsatz folgt vor allem auch das Recht des Flußeigentümers auf den normalen, d. h. auf den sich aus der natürlichen Wasserführung und den Nutzungsrechten der übrigen Wasserberechtigten ergebenden ständigen Zufluß; und seine entsprechende Verpflichtung, sein Eigentumsrecht so auszuüben, daß auch den übrigen Wasserberechtigten ihr Recht auf den normalen Zufluß gewährleistet bleibt. Denn das Flußeigentum ergreift den Flußlauf zwar nur an einer bestimmten Stelle, innerhalb der Eigentumsgrenzen des Wassergrundstücks, aber es ergreift ihn, als dynamisches Nutzungsrecht am Flußlauf, als solchen, in seiner Konstanz.

Aus der Natur des dynamischen Wassereigentums ergibt sich weiter, daß eine verbotene Wassernutzung nicht schon dann vorliegen kann, wenn sie rein statisch gesehen auf das Eigentum Anderer hinübergreift (jede Hebung oder Senkung des Wasserspiegels und jedes Zurückhalten oder Mehrabfließenlassen einer Wassermenge wirken naturnotwendig flußaufwärts und flußabwärts), sondern erst dann, wenn sie schädliche Wirkungen und Gefahren für das Nachbareigentum, im weitesten Umkreise, hervorruft. Daher verbieten Art. 45 I, 47 I, neben der Totalableitung und der nutzlosen Verschwendung und willkürlich ungleichmäßigen Wassernutzung zum Nachteil Anderer, jede Wasserbenützung, wodurch eine Beschädigung fremder Grundstücke und Anlagen verursacht wird, und nennen als Beispiele: schädliche Stauung, Überschwemmung, Versumpfung und schädliche Austrocknung. Unter den Oberbegriff der Beschädigung fällt vor allem auch die einem Triebwerk schädliche Wasserentziehung; wobei es gleichgültig ist, ob dieser Erfolg aus näherem oder weiterem Umkreise, ob oberirdisch oder unterirdisch, ob mittelbar oder unmittelbar verursacht wird. Das Kausalverhältnis: Ursache die Wasserbenützung des Flusses und Wirkung die Wasserschmälerung oder Wasserentziehung in und aus einem Flusse allein ist maßgebend.

Auch in bezug auf das Eigentum am Flußbett, dessen Bestand und Veränderung die Wasserführung weitgehendst bestimmt und beeinflußt, ist der Flußeigentümer öffentlichrechtlichen Verpflichtungen und Beschränkungen, zum Schutze des Wasserlaufes, der Wassernutzungsberechtigten, der Grundstückseigentümer und der Allgemeinheit unterworfen:

So in der Pflicht zur Instandhaltung. (Abt. III, Art. 74ff., 88.)

So in der Einschränkung seiner Nutzungsbefugnisse dahin, daß er zur Entnahme von Eis, Sand, Kies, Steinen, Schlamm, Erde und Pflanzen aus dem Flußbett befugt ist nur insoweit, als es ohne Nachteil für andere, besonders in bezug auf die Tiefe des Flusses und die Sicherheit der Ufer geschehen kann. (Art. 26 II 2.)

Und aus dem gleichen Gebote einer schonungsvollen Ausübung der Eigentumsrechte im Interesse einer geordneten Wasserwirtschaft ist der Unternehmer verpflichtet, seine Wasserbenützungsanlagen nach Maßgabe der erteilten Erlaubnis oder Genehmigung zu unterhalten (Art. 59), und sie nach ihrer Außerbetriebsetzung, auf eine aus Gründen des Gemeinwohls ergangene Anordnung der Verwaltungsbehörde, auf seine Kosten, unter Wiederherstellung des früheren Zustandes, zu beseitigen. (Art. 60I.)

II. Teil.

Die ausgleichende Entschädigung für rechtmäßige Eingriffe in wohlerworbene Privatrechte als das leitende Prinzip des Wassergesetzes.

Das so in seinen natürlichen Schranken festgelegte private Flußeigentum, das wir in bezug auf die Wassernutzung (Art. 44, 45I, 47I) als das gesetzlich zuständige (normale) Wassereigentum bezeichnen können, ist aber weiter in seiner konkreten Ausübung im Allmeininteresse, zur Abwendung von Gefahren einer schädlichen Wirkung der Ausübung wie zur Erzielung einer planvollen und sicheren Nutzbarmachung der Wasserkräfte als eines volkswirtschaftlichen Gutes von größter Bedeutung, in weitgehendstem Maße der Macht der staatlichen Wasserhoheit unterworfen; einer überwachenden, anordnenden, genehmigenden, ermächtigenden und eingreifenden Tätigkeit der Verwaltungsbehörde, die naturgemäß, soll sie ihre Aufgaben erfüllen, auch vor Eingriffen in wohlerworbene Privatrechte nicht Halt machen kann.

Jeder derartige Einzeleingriff in wohlerworbene Privatrechte ist, als Durchbrechung des im Rechtsstaat jedem Untertan verfassungsmäßig gewährleisteten Grundrechtes der Sicherung seines Rechtsbestandes (Titel IV, § 8 VerfUrk. 26. Mai 1818, § 74I VerfUrk. 14. August 1919), nur auf Grund Gesetzes oder gesetzlich ermächtigter Verordnung zulässig und vom Gesetze grundsätzlich an die Verpflichtung des dadurch Begünstigten zur ausgleichenden Entschädigung des Benachteiligten gebunden.

Anlangend die uns besonders angehenden staatshoheitlichen Eingriffe in das private Flußeigentum, so ist Gegenstand des förmlichen Zwangsenteignungsverfahrens, unter den Voraussetzungen und in den Formen des durch Art. 154 bis 156 WG. modifizierten Zwangsabtretungsgesetzes vom 17. Nov. 1837 (i. F. Nov. 13. Aug. 1910 und 9. Mai 1918; Art. 17—26 AG.ZPO. KO. i. F. Bek. 26. Juni 1899), auch hier nur das unbewegliche Eigentum. Darnach das Wassergrundstück als solches (und zwar der Adjazentenfluß nach Art. 21, als nicht wesentlicher Bestandteil des Ufergrundstücks, auch ohne dieses) und Wasserbenützungsanlagen.

Ihre Zwangsabtretung oder Zwangsbelastung mit einer Dienstbarkeit oder einem Erbbaurechte für die im Gesetze, Art. I ZEG. und Art. 153 WG., erschöpfend aufgezählten öffentlich-notwendigen und gemeinnützigen Zwecke.

Teileingriffe in das private Flußeigentum, insbesondere Eingriffe in das gesetzlich zuständige Wasser (begünstigt durch die besondere Natur dieses Eigentumsobjektes, dessen Beherrschungsmöglichkeit ohne Einwirkung auf sein Wesen großer Abstufungen, Einschränkungen und Erweiterungen fähig ist), erfolgen, auf der Grundlage freien pflichtmäßigen Ermessens der Verwaltungsbehörde in den Grenzen der allgemein gesetzlichen Ermächtigungen, in einem formloseren Administrativverfahren nach Maßgabe der Bestimmungen der Abt. VII des Wassergesetzes; jedoch grundsätzlich (mit der auch durch die Notwendigkeit raschen Eingreifens nicht gerechtfertigten Ausnahme für das Ausgleichsverfahren, Art. 65f.) mit verwaltungsrechtlichem Schutze (Art. 177b) und unter Vorbehalt des Rechtsweges vor den ordentlichen Gerichten über den Betrag der zu leistenden, wenn auch im administrativen Vorverfahren festgelegten Entschädigung (Art. 195).

Diese Zwangseingriffe unterscheiden sich von der Enteignung des Zwangsabtretungsgesetzes nur durch das Verfahren, nicht auch in den grundlegenden materiellen Voraussetzungen und Wirkungen. Das sei hier an den drei Hauptfällen von Eingriffen der öffentlichen Verwaltung in das zuständige Wassereigentum dargelegt:

1. Fall:

Zeitweise Zuweisung fremden Wassers im Ausgleichsverfahren bei Nutzung von Privatflüssen, wenn infolge von Wasserklemmen oder aus anderen Gründen das vorhandene Wasser für die Bedürfnisse der Berechtigten nicht zureicht (Art. 65f., 67, 69, 71 II).

1. Interessenabwägung: Dem in seinen Rechten geschmälerten Wassereigentümer darf kein erheblicher Nachteil erwachsen, den übrigen Beteiligten muß ein bedeutender Vorteil verschafft werden.
2. Zuweisung nur subsidiär: Mangels besonderer Rechtstitel und unter möglichster Berücksichtigung der bestehenden Rechtsverhältnisse.
3. Interessenausgleich: Ausgleichende Entschädigungspflicht der Beteiligten nach Maßgabe der ihnen aus der Zuweisung erwachsenen Vorteile.

2. Fall:

Ermächtigung des privaten Wassereigentümers zu einer schonungslosen, in das Fluß- und Grundeigentum anderer eingreifenden Wassernutzung (Art. 45 II, 47 II).

1. Interessenabwägung: Der Nutzen der geplanten Anlage muß den zu befürchtenden Schaden erheblich überwiegen.
2. Ermächtigung nur subsidiär: Wenn der Eingriff in das fremde Eigentum nicht durch Auflage von Bedingungen (Art. 51 II) abgewendet werden kann.
3. Interessenausgleich: Ausgleichende Entschädigungspflicht des Ermächtigten.

3. Fall:

Zuweisung des von den Berechtigten nicht benützten Wassers eines Privatflusses an die nicht schon auf Grund des Art. 45 benutzungsberechtigten Anlieger oder an Hinterlieger (Art. 157, 70).

1. Interessenabwägung: Der beabsichtigte Gebrauch des fremden Wassers muß einen erheblichen Nutzen für die Landeskultur einschließlich der Teichwirtschaft oder für die Industrie mit hoher Wahrscheinlichkeit erwarten lassen.
2. Zuweisung nur subsidiär: Wenn der Berechtigte, ungeachtet einer Aufforderung der Verwaltungsbehörde, das Wasser innerhalb einer angemessenen Frist nicht selbst nutzbar verwendet oder besondere Umstände nachweist, die ihn daran hindern.
3. Interessenausgleich: Ausgleichende Entschädigungspflicht des Zuweisungsempfängers.

Auch diese Zwangseingriffe in das private Flußeigentum im öffentlichen Interesse einer zweckmäßigen Wassernutzung, mit der Wirkung der teilweisen oder gänzlichen Entziehung des zuständigen Wassers, also der eigentlichen wirtschaftlichen Funktion und des Wertes des privaten Flußeigentums, zugunsten eines anderen Nutzers, sind wahre, der Expropriation unbeweglichen Eigentums wesensgleiche Enteignungsfälle — Fälle einer Teilenteignung des Wassergrundstücks, deren Ziel in gleicher Weise auch durch die Zwangsbelastung des Wassergrundstücks mit einer Grunddienstbarkeit im Wege förmlichen Expropriationsverfahrens hätte erreicht werden können.

Daher hat das Wassergesetz auch diesen Fällen einer Teilenteignung die Grundprinzipien des Zwangsabtretungsgesetzes zugrunde gelegt:

1. Der Zwangseingriff muß im überwiegenden öffentlichen Interesse einer zweckmäßigen Ausnutzung der Wasserkräfte erfolgen.
2. Der Zwangseingriff muß zur zweckmäßigsten Verwirklichung eines bestimmten wasserwirtschaftlichen Unternehmens auch notwendig sein.
3. Der Zwangseingriff darf erfolgen nur in das dafür notwendige konkrete Flußeigentum, nicht aber auch in den in ihm abstrakt verkörperten Vermögenswert. Der Begünstigte hat daher den Beeinträchtigten schadlos zu halten.

Der Zwangseingriff der Verwaltungsbehörde in das zuständige Wasser ist darnach, analog der Expropriation, ein konstitutiver öffentlichrechtlicher Akt mit privatrechtlichen Folgen: Hauptwirkung die Neufestsetzung des zuständigen Wassereigentums, und Rückwirkung die ausgleichende Entschädigung; wodurch die Eigentumsrechte der Beteiligten als Vermögensrechte wieder ins Gleichgewicht gebracht werden.

Diese Surrogatsnatur der Entschädigung findet ihren Ausdruck auch darin, daß sie kraft Gesetzes haftet für die auf dem Wassergrundstück, für dessen Wertsminderung sie gewährt werden muß, ruhenden

Reallasten, Hypotheken, Grund- und Rentenschulden. (Art. 165[1] WG., vgl. Art. XI ZEG., Art. 109, 52, 53 EG.BGB.)

Das Wassergesetz hat den Umfang der staatlichen Verwaltungstätigkeit, besonders auch in der Ermächtigung zu Eingriffen in das private Flußeigentum, gegenüber den Wassergesetzen von 1852 erheblich erweitert.

Es hat aber auf der anderen Seite auch das private Flußeigentum als Vermögenswert gegenüber den Wassergesetzen von 1852 gefestigt; mit vollem Vorbedacht: „Der Entwurf", äußerte der Justizminister in den gesetzgebenden Verhandlungen[1]), „geht von der Anschauung aus, daß das Wasser heute mehr wert sei, als im Jahre 1852". Wie stark das private Flußeigentum nach bayerischem Wasserrecht an sich ist, ergibt sich besonders aus Art. 157, der auch an die zwangsweise Entziehung und Zuweisung nicht genutzten Wassers strenge Voraussetzungen knüpft und die Rechtswirkung der vollen Entschädigungspflicht.

Eingeschränkt oder ausgeschlossen hat das Wassergesetz die Entschädigungspflicht für die Beeinträchtigung des zuständigen Wassereigentums und damit der Wasserbenützungsanlagen nur in drei Ausnahmefällen; nämlich, wenn die Schmälerung oder der Entzug des Wassers verursacht worden ist:

1. Durch eine, als Form des Gemeingebrauchs begriffene Inanspruchnahme von Wasser in Fällen gemeiner Gefahr. — Hier ist nur eine Schadloshaltung nach Billigkeit zu gewähren, und zwar nur bei Entstehung eines unverhältnismäßigen Schadens. (Art. 28.)
2. Durch die Umwandlung eines zur Schiff- und Floßfahrt eingerichteten Privatflusses in einen öffentlichen Fluß durch Erklärung der Staatsregierung. — Hier ist Entschädigung zu gewähren nur insoweit, als infolge der Umwandlung die bisherige Benützung des Wassers zum Nachteil des Berechtigten aufgehoben oder beeinträchtigt wird. (Art. 4^{III}; auch 31^{II2} Erklärung zum Triftgewässer.)
3. Durch Instandhaltungsarbeiten an öffentlichen und privaten Flüssen. (Art. 74.) — Hier ist Entschädigung zu gewähren nur für eine länger dauernde, nicht auch für eine nur kürzere Einschränkung oder Einstellung des Betriebes aus Anlaß der Instandhaltungsarbeiten. (Art. 82.)

Bezüglich der Entschädigungspflicht für die **dauernde** Beeinträchtigung **genützten** Wassereigentums enthält das Wassergesetz keine Einschränkung.

Der Grundsatz der ausgleichenden Entschädigung für rechtmäßige Eingriffe in wohlerworbene Privatrechte

---

[1]) AK. d. RR. IX. Prot. S. 15/6.

zur Förderung der Benützung und Instandhaltung der Gewässer beherrscht das ganze Wassergesetz. Der Art. 195 (Entschädigungsverfahren) zählt erschöpfend die Fälle auf, in denen durch ausdrückliche Bestimmungen des Wassergesetzes ein Eingriff in Privatrechte Dritter ohne förmliches Zwangsenteignungsverfahren für zulässig erklärt, zugleich aber auch die Verpflichtung zur ausgleichenden Entschädigung ausgesprochen wird; er nimmt Bezug auf in 33 Artikeln des Gesetzes festgelegte Entschädigungsfälle, deren Zahl durch Verweisungen und durch die förmlichen Zwangsenteignungsfälle noch eine erhebliche Erweiterung erfährt. Demgegenüber sind die Fälle, in denen das Wassergesetz die Entschädigungspflicht für Eingriffe in Privatrechte Dritter einschränkt oder ausschließt, nur ganz vereinzelte und jeweils durch besondere rechtspolitische Erwägungen gerechtfertigte Ausnahmebestimmungen.

Das leitende Prinzip des Wasserrechtes: Gemeinwohl (i. w. S.) vor Privatrecht; aber kein, wenn auch rechtmäßiger Eingriff in ein Privatrecht ohne ausgleichende Entschädigung, soweit nicht das Gesetz die Entschädigungsverpflichtung ausnahmsweise durch eine ausdrückliche Sonderbestimmung eingeschränkt oder ausgeschlossen hat, ergibt sich aus diesen Einzelbestimmungen mit unmittelbarer Evidenz.

Dieses leitende Prinzip beansprucht daher grundsätzliche Geltung auch für die nicht durch eine besondere Gesetzesvorschrift geregelten Fälle einer Kollision von Rechten aus Anlaß der Benützung und Instandhaltung der Gewässer. Sodaß von einer Lücke im Gesetz im eigentlichen Sinne hier nicht gesprochen werden kann.

III. Teil.

Die ausgleichende Entschädigungspflicht des Staates für die durch Errichtung und Unterhaltung staatseigener Wasserkraftanlagen an öffentlichen Flüssen verursachte Beeinträchtigung privaten Flußeigentums und privater Wasserkraftanlagen.

a) Die Entschädigungspflicht nach dem bayerischen Wassergesetz.

Das dem bayerischen Wasserrechte für Fälle von Kollisionen rechtmäßiger Interessen zugrundeliegende, im II. Teil der Abhandlung entwickelte Prinzip hat als Richtschnur zu dienen auch für die Entscheidung der Frage, die den Gegenstand der besonderen Untersuchung bildet: Ist der Staat bzw. an seiner Stelle die öffentliche Unternehmung, unter der der Staat als Selbstwirtschafter auftritt, verpflichtet, dem privaten Flußeigentümer für die durch die Schmälerung bzw. Entziehung des ihm zustehenden notwendigen Betriebswassers und damit für die durch die Einschränkung bzw. Einstellung seines Wasserkraftbetriebes entstehenden Vermögensschäden Ersatz zu leisten, wenn diese Schäden durch die Errichtung und Unterhaltung einer staatseigenen Wasserkraftanlage am öffentlichen Flusse notwendig verursacht werden und sich durch technische Maßnahmen, aus technischen oder wirtschaftlichen Gründen, nicht abwenden lassen?

Ein Ausschluß der Entschädigungspflicht, durch eine Durchbrechung des Grundprinzips der ausgleichenden Entschädigung, kann nicht etwa aus der besonderen Rechtsnatur des staatlichen Flußeigentums gefolgert werden. Wie das Eigentum an öffentlichen Sachen überhaupt, nach anerkannt bayerischem Rechte, auch in der öffentlichen Hand seinen privatrechtlichen Charakter behält und so an der bürgerlichen Rechtsordnung grundsätzlich teilnimmt, also auch den Beschränkungen unterworfen ist, die aus der Eigentumsordnung folgen, und seine besondere rechtliche Ordnung erhält nur durch die — aus dem Grundgedanken, daß die öffentliche Sache ihrem besonderen Zwecke dienstbar gemacht und daher auch dauernd erhalten werden muß, folgende — „publizistische Beschränkung hinsichtlich der Mittel und Zwecke seiner Verwendung" (Jellinek). So ist auch das Eigentum des Staates an den öffentlichen Flüssen von dem privaten Flußeigentum nicht so unterschieden durch seinen materiell-rechtlichen Inhalt — auch das staatliche Flußeigentum kann, bei der besonderen Natur des Eigentumsobjekts, unbeschadet des äußeren Unterschiedes, daß es einen größeren Flußlauf ergreift und diesen zu einem größeren Teil, nur ein dynamisches Eigentum in dem entwickelten Sinne sein — als vielmehr durch die gegenüber dem privaten Flußeigentum noch stärker betonte objektive Zweckgebundenheit. Das Eigentum des Staates an öffentlichen Flüssen ist „ein durch deren Zweckbestimmung, dem öffentlichen Wohle zu dienen, öffentlichrechtlich beschränktes (Privat-) Eigentum"[1]).

Daß das Flußeigentum des Staates nicht ein Recht sein kann, „mit der Sache nach Belieben zu verfahren" (§ 903 BGB.), den Fluß unbeschränkt und ohne Rücksicht auf kollidierende Rechte Dritter nützen zu dürfen, ergibt sich weiter schon daraus, daß in der Regel diesem Flußeigentum gegenüber schon privatrechtliche und öffentlichrechtliche Ansprüche bestehen[2]): So hinsichtlich früher durch Erlaub-

[1]) VGH. 2. März 1928 Bd. 49 S. 25 f., 35; Urteil zum Walchenseekraftwerk; hier Stauanlage bei Krünn an der Isar; und vom 6. November 1925 Bd. 47 S. 54 f.; Urteil über Ausnutzung der Wasserkräfte der Isar im Süden der Stadt München.

[2]) VGH. a. a. O.

nisakte eingeräumter Wassernutzungsrechte; so hinsichtlich der nach Art. 207 WG. aufrechterhaltenen, auf Privatrechtstiteln beruhenden Eigentums-, Nutzungs- und sonstigen Rechte Dritter; so, bei quergeteilten Flüssen, aus Rechtssätzen des internationalen Wasserrechtes, besonders im Verhältnis der deutschen Länder zueinander[3]).

Das Wassergesetz hat von besonderen Bestimmungen über den Inhalt und die Schranken des Eigentums des Staates an öffentlichen Flüssen Abstand nehmen und die „Bestimmung über das Maß und die Art der Benützung" jeweils dem pflichtmäßigen Ermessen der Verwaltungsbehörde im Erlaubnisverfahren übertragen können (Art. $43^{I\,2}$), weil diese das Recht und die Pflicht hat, neben der Wahrung der allgemeinen Interessen auch den kollidierenden Rechten Dritter durch Auflage besonderer Bedingungen in dem Erlaubnisbescheid Rechnung zu tragen. (Art. 43^{II})[4]).

Und weil diese Erlaubnis zur Wasserbenützung der Anlage erteilt wird, und weil das Erlaubnisverfahren neben der Übertragung aus dem Eigentum fließender Nutzungsrechte vor allem auch die Erklärung enthält, daß gegen die beabsichtigte Art der Wasserbenützung vom Standpunkt des Gemeinwohls und der Rechte Dritter keine Bedenken bestehen — zu welcher Feststellung auch den Drittbeteiligten Gelegenheit gegeben werden muß, ihre Einwendungen vorzubringen — bedarf auch der Staat für jede besondere Wassernutzung an öffentlichen Flüssen, also insbesondere zur Errichtung von Stauanlagen und Triebwerken mit gespannter Wasserkraft, hier neben der gewerbepolizeilichen Genehmigung (Art. 50 f., 178 WG., §§ 16 f. RGewO.), auch der Erlaubnis der Verwaltungsbehörde zur Wasserbenützung nach Maßgabe der Artikel 42, 43, 51^{I} WG.[5]).

Die Erlaubnis und Konzession erteilende Verwaltungsbehörde ist daher auf Grund des Art. 43^{II} WG. befugt, die ausgleichende Entschädigungspflicht des Staates bzw. der rechtlich selbständigen Gesellschaft, in der der Staat als Selbstwirtschafter auftritt, für Beeinträchtigungen privaten Flußeigentums, die durch die Errichtung und Unterhaltung der Anlage nach Maßgabe des Projekts notwendig verursacht werden und sich durch besondere Auflagen, aus technischen oder wirtschaftlichen Gründen, nicht verhüten lassen, in den Konzessionsbescheid aufzunehmen. Aber der zivilrechtliche Entschädigungsanspruch des beeinträchtigten Flußeigentümers ist davon nicht abhängig; Konzessionen werden grundsätzlich unter Vorbehalt der Rechte Dritter erteilt.

Aus der besonderen Natur des staatlichen Eigentums kann daher

---

[3]) Urteil des Staatsgerichtshofs vom 17./18. Juni 1927 RGZ. 116, Anhang S. 18 f.: Streit Württemberg und Preußen gegen Baden wegen der Donauversinkung.

[4]) VGH. 12. Februar 1915 Bd. 36 S. 68

[5]) VGH. a. a. O. (Anm. 1.)

kein Ausschluß der Haftung für Schäden abgeleitet werden, die das private Flußeigentum infolge der Nutzung öffentlicher Flüsse durch den Staat als Selbstwirtschafter erleidet.

Auch besondere Ausnahmebestimmungen von dem das Wassergesetz beherrschenden Prinzip der ausgleichenden Entschädigung für Eingriffe in wohlerworbene Privatrechte sind zugunsten der öffentlichen Wasserwirtschaft nicht getroffen worden. Einer ausdrücklichen Ausnahmebestimmung aber hätte es bedurft, um diese Entschädigungspflicht auszuschließen.

Das Wassergesetz hat dem Staate zur Errichtung und Unterhaltung eigener Wasserkraftanlagen zwar ein Anrecht auch auf die notwendigen privaten Wasserkräfte eingeräumt; aber es hat den Staat auch ausdrücklich auf das förmliche Zwangsenteignungsverfahren gegen vorgängige volle Entschädigung verwiesen, wenn er von dieser Ermächtigung Gebrauch machen will oder zur Durchführung eines Projektes Gebrauch machen muß (Art. 153 Z. 3 WG.; vgl. auch Art. I Z. 16 ZEG.); — in gleicher Weise, wie er die durch unwiderrufliche oder zeitlich bestimmte Erlaubnisakte an öffentlichen Flüssen und Staatsprivatflüssen begründeten Wassernutzungsrechte Dritter nur auf Grund förmlichen Zwangsenteignungsverfahrens gegen vorgängige volle Entschädigung schmälern und entziehen darf (Art. 43^{III}, 46, 58^{I}). Der Staat kann sich diesen seinen Entschädigungsverpflichtungen nicht dadurch entziehen, daß er das förmliche Zwangsenteignungsverfahren umgeht.

Hier ist, zur Verdeutlichung, ein Rückblick auf die Entstehungsgeschichte des Wassergesetzes geboten[6]). Die Gesetzgeber hatten die überlegene Einfachheit, Folgerichtigkeit und Zweckmäßigkeit der Regelung des württembergischen Wassergesetzes vom 1. Dezember 1900 nicht verkannt, wonach alle in natürlichem oder künstlichem Bett ständig fließenden Gewässer, ohne Unterschied nach Größe und Verwendungszweck, öffentliche Gewässer sind in dem Sinne, daß sie nach Maßgabe des Wassergesetzes dem Gemeingebrauch unter Aufsicht der Staatsgewalt überlassen sind (Art. $1^{I, II}$) und jedes über den Gemeingebrauch hinausgehende besondere Nutzungsrecht Einzelner nur durch staatliche Verleihung begründet werden kann (Art. 31^{I}). Sie hatten auch nicht verkannt, daß bei einer Beibehaltung der grundlegenden Einteilung in öffentliche und private Flüsse die Schiff- und Floßbarkeit an sich nicht mehr als das maßgebende Unterscheidungsmerkmal für die gemeinwirtschaftliche Bedeutung der Flüsse gelten konnte.

Aber die Gesetzgeber des bayerischen Wassergesetzes hatten auch zu rechnen mit einem schon von dem Wasserbenützungsgesetz vom 28. Mai 1852 nur sanktionierten, nicht neugeschaffenen privaten Flußeigentum; welches, nach den Enteignungsgrundsätzen des Rechtsstaates, nur gegen volle Entschädigung hätte aufgehoben werden können. Das ist in der Begründung des Entwurfes und in allen Stadien

[6]) ABRE. S. 537/8. — AB. K. d. Abg. S. 155/6, 171, 188. — StenBer. K. d. Abg. S. 666/7, 672/5, 679/690, 717/20, 740. — BR. K. d. RR. S. 4/7, 40, 64/6. — BK. K. d. RR. S. 2/6, 73, 134/5. — Prot. AK. d. RR. IX S. 8/13. — StenBer. K. d. RR. S. 516/7. — StenBer. K. d. Abg. S. 7/23.

der gesetzgebenden Verhandlungen von allen Seiten ganz besonders betont worden; auch von dem sozialdemokratischen Abgeordneten Müller-München, der schon damals auf die Entschädigungsmöglichkeit durch Lieferung elektrischer Arbeit hingewiesen hat. Eine Konfiskation des privaten Flußeigentums, erklärte der Ausschußreferent der Abgeordnetenkammer, Frhr. von Malsen, wäre „ohne Vorbild in irgendeiner anderen deutschen Gesetzgebung"; sie würde, äußerte der Vertreter der Staatsregierung, Frhr. von Feilitzsch, „einen Sturm der Entrüstung im ganzen Lande hervorrufen". (Auch auf das württembergische Wassergesetz hätte man sich für eine Entrechtung des privaten Flußeigentums nicht berufen können; denn auch dieses Gesetz hat die gewordenen Rechtsverhältnisse nur sanktioniert und wohlerworbene Rechte Einzelner, die ausnahmsweise an den öffentlichen Gewässern entstanden waren, als dem öffentlichen Recht angehörige Nutzungsrechte mit unverändertem Inhalt aufrechterhalten Art. 1 III.)

Eine generelle Enteignung des privaten Flußeigentums, erklärte der Vertreter der Staatsregierung weiter, ließe sich auch aus zwingenden Gründen des öffentlichen Wohls nicht rechtfertigen; aber der Frage könnte, bei dem ganz außerordentlich hohen Aufwand an Entschädigungssummen, praktisch überhaupt nicht nähergetreten werden. Daher müßten die bestehenden Privatrechtsverhältnisse an den Gewässern unangetastet bleiben; damit stehe und falle der ganze Entwurf. So sind die Anträge des Abgeordneten Müller-München, dem Staate ein Wasserkraftmonopol einzuräumen und zu öffentlichen Gewässern zu erklären auch „alle Flüsse, Flußteile und Seen, deren Verhältnisse die Möglichkeit einer Umwandlung in motorische Kraft gewähren", im Ausschuß der Abgeordnetenkammer mit erdrückender Mehrheit abgelehnt und deshalb im Plenum nicht wiederholt worden.

Damit ist die generelle Enteignung des privaten Flußeigentums durch Gesetz gefallen. Um aber der von allen Seiten betonten Notwendigkeit gerecht zu werden, dem Staate ein Anrecht auch auf die von Fall zu Fall für die Errichtung staatseigener Wasserkraftanlagen notwendig werdenden privaten Wasserkräfte zu sichern (gedacht war dabei vorwiegend an die Elektrifizierung der Staatseisenbahnen), ist, auf Grund eines Antrags des Ausschußvorsitzenden der Abgeordnetenkammer, die generelle Enteignung ersetzt worden durch die Aufnahme des speziellen Enteignungsrechtes „für Unternehmungen des Staates zur Benützung von Gewässern, insbesondere zur Herstellung und zur Unterhaltung von Sammelbecken, Stau- und Triebwerksanlagen" in den Katalog der Enteignungsfälle (Art. 153 Ziff. 3 WG.).

Der Staat enteignet aber das private Flußeigentum nicht nur dann, wenn er das ganze Wassergrundstück für sich in Anspruch nimmt, sondern, wie genugsam ausgeführt worden ist, auch dann, wenn er die dem privaten Flußeigentümer kraft Gesetzes oder behördlicher Anordnung zustehende Wasserkraft, den eigentlichen Kern des Flußeigentums, durch die Errichtung und Unterhaltung seiner Anlagen in einer Weise beeinträchtigt, daß dadurch der privaten Anlage das notwendige Triebwasser geschmälert oder entzogen und so die ordnungsmäßige Fortführung des Betriebes unmöglich gemacht wird; — in gleicher Weise, wie er das konzedierte Nutzungsrecht nicht nur dann enteignet, wenn er den zugrunde liegenden Erlaubnisbescheid förmlich einschränkt oder aufhebt, sondern auch dann, wenn er das konzedierte Nutzungsrecht durch seine Anlagen in seiner tatsächlichen Ausnützungsmöglichkeit beeinträchtigt.

Für diese Verursachung der „Beschädigung fremder Anlagen" hat der Staat in vollem Umfange Entschädigung zu leisten. Ohne Rücksicht darauf, ob der Erfolg aus näherem oder weiterem Umkreise, ob oberirdisch oder unterirdisch, ob unmittelbar oder mittelbar verursacht worden ist; wie beispielsweise durch eine Nutzung des öffentlichen Wasserlaufes, die mittelbar eine Veränderung des Grundwasserstandes und -laufes zum Schaden des privaten Flußeigentums bewirkt. Das Kausalverhältnis: Ursache die Wassernutzung des öffentlichen Flusses und Wirkung die Wasserschmälerung oder Wasserentziehung in und aus einem Privatflusse allein ist maßgebend.

Das gewonnene Ergebnis wird bestätigt durch den durch die Novelle zum WG. vom 30. Dez. 1922 unter Abt. VI über „Zwangsrechte zur Förderung der Benützung und Instandhaltung der Gewässer" eingefügten Art. 164a: „Wird durch die Ausübung gesetzlicher Befugnisse zugunsten eines Unternehmens, das die Erzeugung elektrischer Arbeit bezweckt, die Wassernutzung bestehender Triebwerke derart beschränkt, daß diese ihre Triebkraft ganz oder teilweise einbüßen, so kann die Verwaltungsbehörde den Unternehmer für berechtigt oder für verpflichtet erklären, dem Triebwerksbesitzer statt oder neben einer Geldentschädigung gleichwertigen Ersatz für die durch die bisher genutzte Triebkraft erzielte Arbeitsleistung durch die Lieferung elektrischer Arbeit zu gewähren ..."

Den unmittelbaren Anlaß zu der Novelle hat der Ausbau der staatlichen Großwasserkraftanlagen gegeben. Und nach der Begründung des Gesetzentwurfs soll durch diese Bestimmung erreicht werden, „daß Betriebe, die bisher auf der Ausnützung von Wasserkraft beruhten, auch nach deren Entzug im bisherigen Umfange und möglichst in der bisherigen Art erhalten bleiben können" [7]).

Dieser Gesetzänderung unmittelbar vorhergegangen war ein Plan der Staatsregierung, die Rechte aus dem privaten Flußeigentum durch eine grundlegende Änderung des Wassergesetzes einzuschränken. Der darüber aufgestellte (nicht veröffentlichte) Referentenentwurf hatte jedoch die stärkste Opposition der gutachtlich gehörten Wirtschaftskreise hervorgerufen, und so ist dem Landtag lediglich die darin enthalten gewesene Bestimmung über die Entschädigung durch Lieferung elektrischer Arbeit als Gesetzentwurf vorgelegt worden und als Art. 164a Gesetz geworden[8]).

Der im Schrifttum vertretenen Auffassung, daß der Art. 164a WG. lediglich eine Bestimmung über die Art und Weise der Erfüllung einer Entschädigungsverpflichtung, Lieferung elektrischer Arbeit anstatt oder neben der bisher allein zulässigen Geldentschädigung treffe; über die Entschädigungsverpflichtung selbst jedoch gar nichts

[7]) LandtDrucks. 1922/23, Beil. Bd. XI Nr. 2904 S. 13—15.
[8]) Vgl. Obermeyer, BayZ. 1925, 173 f.

aussage, daß diese vielmehr in einer besonderen und ausdrücklichen Bestimmung des WG. festgelegt sein müsse[9]), kann nicht beigetreten werden.

Aus der Entstehungsgeschichte dieser Vorschrift, aus ihrer Stellung im System des Gesetzes, aus ihrem Wortlaut und endlich aus ihrem Zwecke ist vielmehr zu folgern, daß sie, unter den gegebenen Voraussetzungen, eine Entschädigungsverpflichtung selbständig begründet, oder, zum wenigsten, als grundsätzlich gegeben voraussetzt. Davon geht zweifellos auch die Vollzugsvorschrift (§ 266a) aus, die ausführt: „Durch Art. 164a wird ermöglicht, daß, wenn bei der Errichtung von Wasserkraftanlagen zum Zwecke der Elektrizitätserzeugung zwangsweise Eingriffe irgendwelcher Art in bestehende Wassernutzungsrechte stattfinden, an Stelle oder neben einer Geldentschädigung für den Entzug von Wasserkraft die Abgabe von elektrischer Arbeit durch den Unternehmer der neuen Elektrizitätserzeugungsanlage treten und so der bisherige Betrieb möglichst unverändert weitergeführt werden kann . . ."

Das gewonnene Ergebnis einer ausgleichenden Entschädigungspflicht des Staates für Beeinträchtigung der Nutzung privaten Flußeigentums durch staatseigene Wasserbenützungsanlagen an öffentlichen Flüssen wird weiter bestätigt durch die gesetzliche Regelung einer ausgleichenden Entschädigungspflicht des Staates für Beeinträchtigung der Nutzung privaten Flußeigentums durch Instandhaltungsarbeiten an öffentlichen Flüssen zum Zwecke der Erhaltung ihres ordnungsmäßigen Zustandes wie zur Errichtung und Unterhaltung von Flußregulierungen und Dammbauten (Art. 74I).

Nach Art. 82 WG. sind die Besitzer von Wasserbenützungsanlagen verpflichtet, eine nur „zeitweise" Einschränkung oder Einstellung ihres Betriebs aus Anlaß von Instandhaltungsarbeiten ohne Entschädigung zu dulden, während sie für den Schaden, der durch eine „längerdauernde" Einschränkung oder Einstellung entsteht, von dem instandhaltungspflichtigen Unternehmer — das ist bei den öffentlichen Gewässern der Staat, für den Schutz und die Unterhaltung der Ufer die Kreisgemeinde (Art. 91 bis 94) — im vollen Umfange Ersatz verlangen können.

Aus Art. 82 kann u. E. nicht, wie im Schrifttum geschehen, gefolgert werden, daß die Besitzer von Wasserbenützungsanlagen eine mit den Instandhaltungsarbeiten notwendig verbundene dauernde Schmälerung oder Entziehung des zuständigen Wassers und damit die dauernde Einschränkung oder Einstellung des Betriebes der Wasserbenützungsanlagen überhaupt nicht zu dulden brauchten. Es ist zwar richtig, daß der Staat auch für die Inanspruchnahme des

[9]) So Eymann, Anm. zu 164 a, S. 1539—41.

zu Instandhaltungsarbeiten notwendigen unbeweglichen Eigentums Privater auf das förmliche Zwangsenteignungsverfahren angewiesen ist (Art. 153 Ziff. 1); Teilenteignungen fremden privaten Wassers also grundsätzlich durch Belastung des Wassergrundstücks mit einer Grunddienstbarkeit im förmlichen Zwangsenteignungsverfahren durchführen muß. Aber es wird auch hier, wie bei der Errichtung von Wasserbenützungsanlagen, häufig der Fall sein, daß das Projekt zwar die Beeinträchtigung der Wasserführung von Privatflüssen im allgemeinen, nicht aber auch in Beziehung auf die konkret betroffenen Eigentumsrechte voraussehen läßt. In den gesetzgebenden Verhandlungen[10]) ist hier für mögliche Schäden der Ufereigentümer durch Flußregulierungen auf die Fälle hingewiesen worden, „wo infolge einer künstlichen Einengung und schnurgeraden Führung des Flußbettes eine mit der Zeit immer größer werdende Eintiefung der Sohle herbeigeführt wird mit der Folge einer beträchtlichen Senkung des Grundwasserspiegels und damit einer Austrocknung und Entwertung der Ufergrundstücke, mitunter auf größere Entfernungen"; Umstände, die sich, bei dem natürlichen Zusammenhang der Gewässer, in gleich schädlicher Weise auch auf die Wasserführung von Privatflüssen auswirken können.

„An der Vornahme dieser im allgemeinen Interesse gelegenen Vorkehrungen" führt das bayerische Oberste Landesgericht in seiner grundlegenden Entscheidung zur Entschädigungspflicht des Staates für Beeinträchtigung von Privatrechten durch Instandhaltungsarbeiten an öffentlichen Flüssen richtig aus, „kann der Staat durch das Bestehen privater Nutzungsrechte an den Flüssen nicht gehindert sein; vielmehr müssen bei einem Widerstreit der allgemeinen und privaten Interessen die letzteren weichen; und es kann sich in einem solchen Falle nur darum handeln, ob der Berechtigte wegen der etwa erfolgten Beeinträchtigung seines Rechtes einen Anspruch auf Entschädigung hat"[11]).

Und für diesen Entschädigungsanspruch der Besitzer von Wasserbenützungsanlagen enthält der Art. 82, wie oben bereits ausgeführt, eine ausnahmsweise Einschränkung des leitenden Prinzips der ausgleichenden Entschädigung für den Fall einer nur kürzer dauernden Betriebsbeeinträchtigung durch Instandhaltungsarbeiten. Und es hätte wirklich keiner ausdrücklichen Feststellung der gesetzgebenden Faktoren bedurft, „daß wenn für eine länger dauernde Einschränkung oder Einstellung Entschädigung gewährt werde, das selbstverständlich um so mehr bei dauernder Einschränkung oder Einstellung der Fall sei"[12]).

---

10) AB. K. d. Abg. S. 179; BR. K. d. RR. S. 98/9.

11) Urteil vom 11. Juni 1899, Bd. 17 S. 139 f., 143/44.

12) AB. K. d. Abg. S. 179.

Ordnungsgemäße Instandhaltung der Flüsse ist die unerläßliche Voraussetzung eines ordnungsgemäßen Wasserschutzes und einer ordnungsgemäßen Wasserwirtschaft. Es wäre eine Anomalie ohnegleichen, wollte man das Wassergesetz dahin auslegen, daß der Staat den privaten Flußeigentümer schadlos zu halten habe zwar für Beeinträchtigungen des zuständigen Wassers und damit des Betriebes, die durch Erfüllung seiner gesetzlichen Instandhaltungspflicht verursacht werden, nicht aber auch für die Beeinträchtigungen, die durch die in seinem freien Belieben stehende Errichtung und Unterhaltung von Wasserbenützungsanlagen verursacht werden.

b) Die Entschädigungspflicht nach allgemeinen Rechtsgrundsätzen (Ausgleichende Entschädigung für rechtmäßige Eingriffe der Staatshoheit in wohlerworbene Privatrechte.)

Es bleibt weiter zu untersuchen, wie sich das aus einzelnen Bestimmungen des Wassergesetzes induktiv gefundene Ergebnis einer von schuldhaft widerrechtlichem Verhalten unabhängigen Entschädigungspflicht des Staates für Beeinträchtigungen privaten Flußeigentums und privater Wasserbenützungsanlagen durch staatseigene Anlagen an öffentlichen Flüssen in das Ganze unserer Rechtsordnung organisch einfügt; ja ob dieses Ergebnis vielleicht durch bestimmte allgemeine Rechtssätze, die ergänzend auch zur Auslegung der dem Landesrecht vorbehaltenen Materie des Wasserrechtes heranzuziehen sind[1]), eine weitere direkte Begründung finden kann.

Die einer Wasserbenützungsanlage schädliche Entziehung oder Schmälerung des zuständigen Betriebswassers ist eine Beeinträchtigung des privaten Flußeigentums, welcher der Eigentümer an sich, zur Verwirklichung seines Anschließungsrechtes nach § 903 BGB., mit der Eigentumsfreiheitsklage des § 1004 BGB., mit dem Ziele der Beseitigung der Beeinträchtigung und der Unterlassung weiterer Störungen, entgegentreten könnte. Staatshoheitliche Akte jedoch können mit der Eigentumsfreiheitsklage nicht abgewehrt werden. Hier ist überhaupt der Rechtsweg vor den ordentlichen Gerichten ausgeschlossen, denn die „Betätigung der obrigkeitlichen Gewalt gehört wesentlich dem Gebiete des öffentlichen Rechtes an, Klagen, die ein ihr entgegentretendes Verbot erstreben, sind keine bürgerlichen Rechtsstreitigkeiten im Sinne des § 13 GVG."[2]).

Eine Durchbrechung erleidet dieser Grundsatz nur da, wo sich die Staatshoheit durch ausdrückliche Gesetzesbestimmung selbst eine Be-

---

[1]) RGZ. 5. November 1919 Bd. 97 S. 115.
[2]) RGZ. 22. Juni 1912, Bd. 79 S. 429.

schränkung auferlegt hat. So kann einer nach § 16 RGewO., Art. 50, 178 WG. genehmigungspflichtigen und genehmigten Anlage, hier einer Stauanlage und einem Triebwerke mit gespannter Wasserkraft gegenüber, auch soweit der Staat als Unternehmer auftritt, zwar niemals auf Einstellung des Betriebes, aber auf Herstellung von Einrichtungen geklagt werden, welche die benachteiligende Einwirkung ausschließen oder mindern, soweit solche Einrichtungen nicht untunlich oder mit einem gehörigen Betrieb, aus technischen oder wirtschaftlichen Gründen, nicht unvereinbar sind (§ 26 RGewO., Art. 56 WG.).

Als Ersatz der entzogenen Eigentumsfreiheitsklage räumen § 26 RGewO., Art. 56 WG. dem benachteiligten Eigentümer einen von dem Nachweis eines Verschuldens unabhängigen Anspruch auf Schadloshaltung ein. Und die Rechtsprechung hat, abstrahierend aus dem Grundgedanken des § 26 RGewO. und weiterer auf demselben Grundgedanken beruhender Sondervorschriften des öffentlichen und privaten Rechtes, unter ausdrücklicher Betonung der Bedürfnisse des Rechtslebens und der Billigkeit, diesen Schadloshaltungsanspruch ohne Verschulden erstreckt auf alle Fälle, in denen infolge einer entgegentretenden Sonderrechtsnorm dem Eigentümer gegenüber Eingriffen Dritter aus überwiegendem privaten oder öffentlichen Interesse die Abwehrklage versagt ist[3]).

Als Ersatz der durch Sondervorschrift entzogenen Eigentumsfreiheitsklage befreien diese Rechtssätze zur Begründung eines Anspruchs auf Schadloshaltung nur von dem Nachweis einer schuldhaften, nicht aber auch von der Voraussetzung eines an sich objektiv widerrechtlichen Eingriffs in das fremde Rechtsgut. Sie können daher keine Anwendung finden auf einen Fall, in dem die Beeinträchtigung privaten Flußeigentums durch einen rechtmäßigen staatshoheitlichen Eingriff selbst notwendig verursacht worden ist.

Wohl aber schlagen in einem solchen Falle, wenn der Eingriff erfolgt zugunsten einer öffentlichen Unternehmung, zur Begründung eines von schuldhaft widerrechtlichem Verhalten unabhängigen Schadloshaltungsanspruchs die Rechtsgrundsätze über die öffentlichrechtliche Entschädigung ein, deren Grundgedanken ein neueres Urteil des Reichsgerichts, vom 29. April 1926[4]), wie folgt wiedergibt: „Wird kraft eines staatlichen Hoheitsrechts in die bürgerliche Rechtssphäre einer Privatperson eingegriffen, so geschieht dies grundsätzlich im Interesse der staatlichen Allgemeinheit. Es entspricht den für einen Rechtsstaat unabweislichen Grundsätzen von Recht und Billigkeit, daß der so im Interesse der Allgemeinheit verursachte Schaden nicht dem zu seiner Abwendung unbefugten

[3]) Vgl. die RGRK. § 906 Anm. 13 angeführten Urteile des RG.
[4]) RGZ. Bd. 113 S. 301 f., 306.

Einzelnen, sondern der Allgemeinheit zur Last fällt. Dieser Gedanke ist bereits in § 75 der Einleitung zum Preuß. Allg. Landrecht zum Ausdruck gekommen und erst nachträglich, insbesondere durch die Preuß. Kabinettsorder vom 4. Dez. 1831, eingeschränkt worden. Er ist aber in der neueren deutschen Gesetzgebung wieder zum Durchbruch gelangt, z. B. im Reichsgesetz vom 22. Mai 1910 über die Haftung des Reiches für seine Beamten und in Art. 131 der Reichsverfassung vom 11. Aug. 1919 für die Fälle einer Schädigung durch Amtspflichtverletzung, ferner in der Enteignungsgesetzgebung auch bei nicht schuldhaften Eingriffen, sowie in § 26 der Reichsgewerbeordnung usw. Eine gesunde Rechtsentwicklung führt über die Beschränkung jenes Grundsatzes auf die genannten Fälle hinaus zu seiner Anwendung auch auf solche Eingriffe in das bürgerliche Rechtsleben, die ohne Verschulden der Staatsorgane im öffentlichen Interesse den Einzelnen in den ihm an und für sich zustehenden Rechten schädigen". Das Reichsgericht verweist auf seine ständige Rechtsprechung und schließt das Urteil, daß dieser Rechtsgrundsatz „mit den berechtigten Interessen der Allgemeinheit nicht nur vereinbar, sondern eng verbunden" ist.

Denn, führt das Reichsgericht in dem Urteil vom 16. Okt. 1906[5]) aus, „wenn das öffentliche Wohl erfordert, daß den Behörden im Interesse der Allgemeinheit die rechtliche Macht verliehen wird, in Privatrechte einzugreifen, so liegt darin nicht zugleich, daß mit dem Eingriff in das Recht auch ein Eingriff in das Vermögen sich zu verbinden hätte, daß also der Einzelne nicht bloß die Entziehung und Schmälerung seines Rechtes in dessen konkreter individueller Gestalt dulden, sondern auch ein finanzielles Opfer bringen müßte; im Gegenteil bleibt das öffentliche Wohl in seinem Verhältnisse zu dem Interesse des Einzelnen genügend gewahrt, wenn die erforderliche Maßregel gegen den Einzelnen zur Durchführung gebracht, der entsprechende Nachteil aber von der Allgemeinheit, welche den Vorteil hat, zu tragen ist".

Dieser öffentlichrechtliche Rechtssatz der ausgleichenden Entschädigung für rechtmäßige Einzeleingriffe der Staatshoheit in wohlerworbene Privatrechte gründet sich auf eine jahrhundertelange Rechtsentwicklung. Im absoluten Staat aus naturrechtlicher Wurzel entstanden und in den Rechtsgebieten des Preuß. Allg. Landrechts (Einleitung §§ 74/75), des bayerischen Landrechts (IV. Teil, 13. Kapitel, IV de lege Rhodia) und des französischen Rechtes (C. C. Art. 545) durch positive Gesetzesbestimmungen festgelegt, in den des gemeinen Rechts[6]) gewohnheitsrechtlich anerkannt, ist er für das neue Recht durch die ständige Gerichtspraxis zum Reichsgewohnheitsrecht geworden.

---

[5]) RGZ. Bd. 64 S. 183 f., 185.

[6]) Vgl. die in RGZ. Bd. 94 S. 72 angeführten Urteile.

In der grundsätzlichen Berechtigung der diesem Rechtssatz zugrunde liegenden Auffassung, führt das Reichsgericht in einem, die Entwicklung zum Reichsgewohnheitsrecht bahnenden Urteil, vom 16. Okt. 1906[7]), aus, „liegt stets schon ein Anhalt dafür, daß der einzelne Staat, dessen gesetzgeberischer Standpunkt zu prüfen ist, sich von ihr leiten läßt und sie als im Staate geltendes Recht anerkennt, mag dies auch nicht in einer einzelnen Gesetzesvorschrift einen speziellen und völlig adäquaten Ausdruck finden".

Daß auch das bayerische Wassergesetz diesen „in allen deutschen Staaten geltenden großen Rechtsgrundsatz, wonach Privateigentum für öffentliche Zwecke nur gegen Entschädigung in Anspruch genommen werden darf"[8]), grundsätzlich anerkannt und nur für ganz vereinzelte, jeweils durch besondere rechtspolitische Erwägungen gerechtfertigte Ausnahmefälle durchbrochen hat, ist in Teil II des näheren dargelegt worden.

Zur Vermeidung von Mißverständnissen sei betont, daß dieser Rechtsgrundsatz selbstverständlich keine Anwendung finden kann auf gesetzesvollziehende Verwaltungsakte; auf Verwaltungsakte, welche lediglich die dem betroffenen Rechte immanenten, ihm gleichsam eingeborenen Schranken seiner Ausübung zur Durchführung bringen. Daß vielmehr immer vorliegen muß ein Eingriff auf Grund einer eigenen Entschließung der öffentlichen Verwaltung, wenn auch kraft einer ihr vom Gesetz allgemein erteilten Ermächtigung, wodurch die private Rechtssphäre des Einzelnen, die rechtliche oder tatsächliche Ausübungsmöglichkeit seines subjektiven Rechtes in den vom Gesetz anerkannten Grenzen, im Interesse der Allgemeinheit unmittelbar oder mittelbar beeinträchtigt wird.

Um einen solchen entschädigungspflichtigen Eingriff in die private Rechtssphäre des Einzelnen handelt es sich aber zweifellos, wenn der Staat öffentliche, der Allgemeinheit unmittelbar oder mittelbar zugute kommende Wasserbenützungsanlagen an öffentlichen Flüssen errichtet und unterhält, die die Beeinträchtigung privaten Wassereigentums und privater Wasserbenützungsanlagen in ihrem rechtlichen Bestand zur notwendigen (adäquaten) Folge haben. Mag man nun den in die private Rechtssphäre eingreifenden Hoheitsakt sehen unmittelbar in der Errichtung und Unterhaltung der Anlage selbst oder mittelbar in dem Konzessionsakt, der wasserpolizeilichen Erlaubnis und der gewerbepolizeilichen Genehmigung unter Voraussetzungen und Bedingungen, daß die bescheidgemäße Durchführung des Projektes nach den Erfahrungen der Gewässer- und Flußbaukunde, also generell betrachtet, geeignet war, auf die Wasser-

[7]) RGZ. Bd. 64 S. 186.
[8]) RGZ. 22. Juni 1912, Bd. 79 S. 427 f., 431/432.

führung von Privatflüssen zum Nachteil der Nutzung privaten Flußeigentums einzuwirken.

Der so zum besten des gemeinen Wohles den unabwendbaren Folgen des staatshoheitlichen Eingriffs in sein zuständiges Wassereigentum und in seinen Betrieb schonungslos preisgegebene Einzelne hat, als Ausgleich für das besondere Opfer an Vermögenswerten und die so ungleiche Belastung gegenüber den Volksgenossen, einen Rechtsanspruch auf volle ausgleichende Entschädigung gegen den Staat bzw. diejenige juristische Person, unter der der Staat als Selbstwirtschafter auftritt und in deren unmittelbarem Interesse der Eingriff erfolgt ist und das dadurch veranlaßte besondere Opfer hat gebracht werden müssen.

Der Schadloshaltungsanspruch ist, bei der Natur des beeinträchtigten Rechtes als eines Privatrechtes, im ordentlichen Rechtsweg verfolgbar; vgl. RGZ. 15. Febr. 1904[9]): „Auch die Verfolgung eines auf einem öffentlichrechtlichen Titel beruhenden Anspruchs kann, wie z. B. auch der § 70 GVG. erkennen läßt, eine bürgerliche Rechtsstreitigkeit darstellen. Maßgebend ist nicht der Umstand, ob die Verpflichtung, zu deren Erfüllung die verklagte Partei angehalten werden soll, in einer Norm des öffentlichen Rechtes wurzelt, sondern die Frage, ob es sich dabei lediglich um einen Gegenstand des öffentlichen Interesses, des Gemeinwohles, oder um das Rechtsgut und die individuelle Rechtssphäre einer einzelnen, sei es physischen, sei es juristischen, Person handelt."

Der Rechtssatz der ausgleichenden Entschädigung für rechtmäßige Eingriffe der Staatshoheit in wohlerworbene Privatrechte ist bisher in der Rechtsprechung und im Schrifttum zum bayerischen Wasserrecht bei der Beurteilung der Frage der Entschädigungspflicht des Staates für Beeinträchtigung privater Rechte durch Instandhaltungsarbeiten an öffentlichen Flüssen zur Anwendung gekommen.

Das bereits erwähnte grundlegende Urteil des bayerischen Obersten Landesgerichtes vom 11. Juni 1898[10]) — ergangen zur Frage der Entschädigungspflicht des Staates für Beeinträchtigung von Fischereirechten durch Regulierungsarbeiten an öffentlichen Flüssen nach dem Wasserbenützungsgesetz von 1852, das eine dem Art. 109^II WG. entsprechende Bestimmung nicht kannte — führt in seinen allgemeinen Sätzen aus: „In dieser Beziehung kann allerdings dem Berufungsgerichte nicht beigetreten werden, wenn es den Satz aufstellt, staatliche Maßnahmen im öffentlichen Interesse begründeten, wenn sie auch Benachteiligungen Dritter herbeiführten, keinen Entschädigungsanspruch, sofern nicht im Gesetze ausdrücklich

[9]) Bd. 57 S. 352.
[10]) OGZ. Bd. 17 S. 139 f., 144.

eine Ausnahme statuiert ist. Es ist vielmehr im allgemeinen als leitender Grundsatz anzuerkennen, daß der Staat, wenn er aus Gründen des öffentlichen Wohles in Privatrechte eingreift, Ersatz zu leisten verpflichtet ist (Roth, Bayerisches Zivilrecht, Band 1, 2. Auflage § 37 Note 30). . . . Entscheidend für den Entschädigungsanspruch ist daher lediglich die Frage, ob die Vornahme einer Flußkorrektion einen Eingriff in die Berechtigung des Klägers bildet"[11]).

Diese Rechtsprechung und der ihr zugrunde liegende allgemeine Rechtsgedanke haben in den gesetzgebenden Verhandlungen zum Wassergesetz eine große Rolle gespielt[12]).

Sie haben zu einer Erweiterung des Art. 109 II gegenüber dem Entwurf mit der Festlegung geführt, daß für die Beeinträchtigung von Fischereirechten durch Regulierungsbauten in allen Fällen Schadenersatz zu leisten ist, auch wenn der Unternehmer der Staat oder die Kreisgemeinde ist. Dabei ist für die positiv gesetzliche Festlegung der Entschädigungspflicht vor allem auch der Umstand mitbestimmend gewesen, daß die beiden oben angeführten Entscheidungen des bayerischen Obersten Landesgerichts zwar in der grundsätzlichen Frage der Entschädigungspflicht für Beeinträchtigung privater Rechte durch Regulierungsbauten übereinstimmen, sich aber in ihrer Auffassung über den Gegenstand des Fischereirechts und damit in der Frage, wann ein Eingriff in dieses Recht vorliegt, widersprechen.

Der dieser Rechtsprechung zugrundeliegende allgemeine Rechtsgedanke hat weiter zur Streichung einer Bestimmung des Entwurfs geführt, wonach der Ufereigentümer, abgesehen von den in Art. 80 und 81 WG. ausdrücklich festgelegten Fällen, eine Entschädigung für nachteilige Einwirkungen von Flußkorrektionen auf

---

11) Ein weiteres Urteil des bayerischen Obersten Landesgerichts vom 6. Nov. 1905 (n. F. Bd. 6 S. 629 f.) begründet die Entschädigungspflicht v. Gemeinden für Beeinträchtigung von Fischereirechten durch einen mit Genehmigung der Verwaltungsbehörde errichteten Hochwasserdamm wie folgt: „In Kollisionsfällen dieser Art geht eben das vom objektiven Rechte sozial und wirtschaftlich höher gewertete rechtliche Interesse dem niedriger gewerteten vor; dieses muß hinter jenes zurücktreten, aber nur so weit, als der Zweck des höher gewerteten es erfordert. Es darf nicht völlig oder teilweise vernichtet werden, sondern es muß ein Ausgleich der kollidierenden rechtmäßigen Interessen stattfinden und zwar durch angemessene Entschädigung des in seinem Rechte Verletzten." —

Das sind rechtspolitische Erwägungen, Direktiven für den Gesetzgeber und Gesetzesausleger. Aber welche positive Norm trägt die Entscheidung?

Das Oberste Landesgericht sieht sie in einem allgemeinen Rechtsgrundsatz des bürgerlichen Rechts; der aber mehr behauptet als bewiesen ist. Der im Urteil vom 11. Juni 1898 angewandte Rechtsgrundsatz über öffentlich-rechtliche Ausgleichung soll hier nicht anwendbar sein, weil der schädigende Damm nicht vom Staate, sondern von einer Gemeinde errichtet worden ist (S. 638). — Der Anspruch auf ausgleichende Entschädigung ist aber überall da gegeben, wo ein Einzeleingriff in wohlerworbene Privatrechte zugunsten einer öffentlich-rechtlichen Gemeinschaft, jedenfalls einer Gemeinde, erfolgt. (Ständige Rechtsprechung des Reichsgerichts; vgl. zuletzt RGZ. 6. Dez. 1929; Bd. 126 S. 361.) Die Entschädigungspflicht der bauausführenden Gemeinde ergibt sich also auch hier aus dem öffentlichen Rechte (und wohl auch aus dem Prinzip der Wassergesetze von 1852, was hier nicht näher nachgeprüft ist).

12) ABRE. S. 561, 563/4. — AB. K. d. Abg. S. 177, 179, 182/4. — StenBer. K. d. Abg. S. 730, 734. — BR. K. d. RR. S. 49, 57/8. — BR. K. d. RR. S. 98 100, 112/4. — Prot. AK. d. R. VII S. 4, 15.

sein Ufergrundstück nicht verlangen konnte. Und zwar unter der ausdrücklichen Feststellung der gesetzgebenden Faktoren, daß nicht etwa durch Gegenschluß aus Art. 109II WG. ein Ausschluß der Entschädigungspflicht in den gesetzlich nicht geregelten Fällen zu folgern sei, daß vielmehr die Frage der Entschädigungspflicht von Fall zu Fall nach den auch das Wassergesetz ergänzenden allgemeinen Rechtssätzen des öffentlichen und privaten Rechts über eine ausgleichende Entschädigung zu entscheiden sei.

Diese durchgreifenden Änderungen gegenüber dem Entwurf sind Gesetz geworden trotz des anfänglichen, auf die dadurch verursachte Verteuerung der Instandhaltung öffentlicher Flüsse hinweisenden Widerspruchs der Staatsregierung. Die Befürworter der Änderungen haben dagegen geltend gemacht, auch eine solche Verteuerung könne eine Entrechtung privaten Vermögens nicht sanktionieren; das öffentliche Interesse sei genügend gewahrt durch die Duldungspflicht der privaten Berechtigten, diesen aber auch die im Interesse der Allgemeinheit verursachten Vermögensschäden allein zu überbürden, „ganz wie Schäden, welche die Folge unabwendbarer Elementarereignisse seien", dazu könne die Hand im Rechtsstaate, nicht geboten werden.

Die ergänzende Anwendung des öffentlichrechtlichen Rechtssatzes über die ausgleichende Entschädigungspflicht des Staates für rechtmäßige Eingriffe der Staatshoheit in wohlerworbene Privatrechte wird auch im Schrifttum für die bisher allein untersuchten Fälle der Beeinträchtigung durch Instandhaltungsarbeiten an öffentlichen Flüssen anerkannt[13]).

Es wäre, wie bereits in anderem Zusammenhang angeführt, eine Anomalie ohnegleichen, wollte man diesem Rechtssatze für die Fälle der Beeinträchtigung privaten Flußeigentums und privater Wasserbenützungsanlagen durch Errichtung und Unterhaltung staatseigener Wasserbenützungsanlagen an öffentlichen Flüssen die Geltung absprechen.

c) Die Entschädigungspflicht nach Art. 153II der Reichsverfassung.

Abschließend ist noch zu untersuchen, ob ein entgegengesetztes Ergebnis, der Ausschluß der Entschädigungspflicht durch die bayerische Landesgesetzgebung, nicht mit einer stärkeren Rechtsquelle, den Enteignungsbestimmungen des Art. 153II der Reichsverfassung vom 11. Aug. 1919, im Widerspruch stehen und damit unwirksam sein würde.

Der Art. 109 EG. BGB. hat die Enteignungsgesetzgebung, die „Vorschriften über die im öffentlichen Interesse erfolgende Entziehung, Beschädigung oder Benutzung einer Sache, Beschränkung des Eigentums und Entziehung oder Beschränkung von Rechten" der Landesgesetzgebung vorbehalten. Von der Gewährung einer Entschädigung hat der Vorbehalt die Zulassung der Enteignung durch die Landesgesetzgebung nicht abhängig gemacht.

---

[13]) Vgl. mit weiteren Nachweisen Brenner-Fergg, Anm. 7 Art. 109; Anm. 10 Art. 81; Eymann, Syst. Übers. Abt. III S. 1089/91.

In diese freie Befugnis landesrechtlicher Regelung der Enteignung hat die **Reichsverfassung**, „zum Schutze auch gegen konfiskationslüsterne Landesgesetzgeber"[1]), in sachlicher und verfahrensrechtlicher Richtung eingegriffen. Der Art. 153^I RVerf. gewährleistet das Eigentum mit dem Inhalt und den Schranken, wie sie sich aus den Gesetzen ergeben. Der Art. 153^II stellt die allgemeinen Voraussetzungen auf, unter denen eine Enteignung stattfinden darf: „Eine Enteignung kann nur zum Wohle der Allgemeinheit und auf gesetzlicher Grundlage vorgenommen werden. Sie erfolgt gegen angemessene Entschädigung, soweit nicht ein Reichsgesetz etwas anderes bestimmt. Wegen der Höhe der Entschädigung ist im Streitfalle der Rechtsweg bei den ordentlichen Gerichten offen zu lassen, soweit Reichsgesetze nichts anderes bestimmen . . "

Der Art. 153^II enthält die reichsgesetzliche Regelung einzelner Punkte des nach Art. 7 Nr. 12 RVerf. der Reichsgesetzgebung unterstehenden Enteignungsrechts, durch die die den Ländern bis zum Erlaß eines umfassenden Enteignungsgesetzes des Reichs noch zustehende Gesetzgebungsbefugnis (Art. 12^II RVerf.) auf diesem Gebiet eingeengt wird. Der Art. 153^II RVerf. enthält darnach unmittelbar anwendbares Recht und greift auch älteren Landesgesetzen gegenüber Platz, auch solchen, die den dem Landesrecht vorbehaltenen Rechtsgebieten, wie dem Wasserrechte, angehören. Der Prozeßrichter ist (Art. 13^I, 102 RVerf.) zur Prüfung der Frage verpflichtet, ob eine landesgesetzliche Enteignungsbestimmung mit den Grundsätzen des Art. 153^II RVerf. in Widerspruch steht und hat ihr insoweit, als der rechtlichen Wirksamkeit entbehrend, die Anwendung zu versagen und die entsprechende Vorschrift des Art. 153^II RVerf. zur Ergänzung der dadurch entstehenden Lücke heranzuziehen; in gleicher Weise, wenn das Landesgesetz über eine verfassungsmäßig geregelte Frage, über die angemessene Entschädigungspflicht und den Vorbehalt des Rechtswegs über die Höhe der Entschädigung, schweigt[2]).

Der **Enteignungsbegriff der Reichsverfassung** ist im Schrifttum noch lebhaft umstritten. Das Reichsgericht hat ihn aus Zweck und Funktion der Grundrechtsnorm der Unverletzlichkeit des Vermögens (Art. 153^I RVerf.) selbständig entwickelt und ist dabei zu einem sehr umfassenden Enteignungsbegriff gekommen, den Hensel[3]) mit Recht als ein klassisches Beispiel der Zweckauslegung bezeichnet. Auf die Entwicklung des Begriffs durch das Reichsgericht

---

[1]) M. Wolff „Eigentum und Reichsverfassung".

[2]) Ständige Rspr. des RG.; vgl. die Nachweise bei Staudinger-Keidel EGBGB. Art. 109 Anm. II; weiter RGZ. 28. Februar 1930. JW. 1930 S. 1955 f.

[3]) „Grundrechte und Rechtsprechung."

und auf Einwände im Schrifttum hier des näheren einzugehen, dürfte sich erübrigen. Es genügt festzustellen, daß der Enteignungsbegriff der Reichsverfassung nach konstanter Gerichtspraxis umfaßt jeden Sondereingriff in ein subjektives Recht durch staatlichen Hoheitsakt, durch den der Einzelne oder ein engerer Kreis um des gemeinen Wohles willen in der tatsächlichen oder rechtlichen Ausübungsmöglichkeit seines Rechts, so wie es im Staate anerkannt ist, nicht nur vorübergehend beeinträchtigt wird[4]).

Der Enteignungsbegriff der Reichsverfassung umfaßt darnach zweifellos auch den hier zur Untersuchung stehenden Fall, daß durch die Errichtung und den Betrieb staatseigener Wasserbenützungsanlagen an öffentlichen Flüssen die nicht nur vorübergehende Beeinträchtigung der tatsächlichen Ausnützungsmöglichkeit privaten Flußeigentums und privater Wasserbenützungsanlagen notwendig verursacht wird. Kraft zwingender Vorschrift des Art. 153 II 2 u. 3 RVerf. hat der durch diese Enteignung Beeinträchtigte einen von schuldhaft widerrechtlichem Verhalten der Gegenseite unabhängigen, vor den ordentlichen Gerichten verfolgbaren Anspruch auf angemessene Entschädigung.

d) Zusammenfassung.

Der Eigentümer einer im allgemeinen Interesse errichteten öffentlichen Wasserkraftanlage an einem öffentlichen Fluß, der Staat oder die juristische Person, unter der der Staat als Selbstwirtschafter auftritt, handelt nicht widerrechtlich, wenn er durch die Errichtung oder den ordnungsmäßigen Betrieb der Anlage die Ausnutzung der Wasserkraft und der Wasserkraftanlagen eines privaten Flußeigentümers beeinträchtigt. Der beeinträchtigte Eigentümer hat daher, ungeachtet des Umstandes, ob das Konzessionsverfahren schon vollständig durchgeführt ist oder nicht, keinen Anspruch auf Beseitigung oder Einstellung der beeinträchtigenden Anlage, auf künftige Unterlassung, auf Schadensersatz wegen unerlaubter Handlung.

Der Eigentümer der öffentlichen Anlage ist jedoch verpflichtet, dem privaten Eigentümer für jeden durch die Errichtung und den Betrieb der Anlage notwendig verursachten Schaden, für die unmittelbare oder mittelbare Schmälerung oder Entziehung des bisher genutzten zuständigen Wassers wie für die dadurch hervorgerufene Betriebsbeeinträchtigung, in vollem Umfange Ersatz zu leisten.

Allgemeine Voraussetzung ist nur, daß zwischen der Errichtung bzw. der Unterhaltung der öffentlichen Anlage und dem Schadenseintritt ein adäquater Kausalzusammenhang besteht.

Der Entschädigungsanspruch ist gegeben kraft Rechtens, also auch ohne eine Auflage im Erlaubnis- bzw. Konzessionsbescheid.

---

[4]) Vgl. die Nachweise bei Staudinger-Keidel a. a. O. III 1 und 2.

Er ist, bei der Natur des beeinträchtigten Rechtes als eines Privatrechtes, im ordentlichen Rechtswege verfolgbar, mag er nun auf das Wassergesetz oder auf den öffentlichrechtlichen Rechtssatz über die ausgleichende Entschädigungspflicht des Staates oder auf Art. 153 II RVerf. gestützt werden.

Der Anspruch unterliegt, da die Sonderbestimmung des § 852 BGB. über die kurze Verjährungsfrist des Anspruchs auf Ersatz eines aus unerlaubter Handlung entstandenen Schadens auf diesen von schuldhaft rechtswidrigem Verhalten unabhängigen Schadloshaltungsanspruch keine Anwendung finden kann, der regelmäßigen Verjährungsfrist von 30 Jahren, § 195 BGB.[1]).

Die Entscheidung gründet sich auf drei Rechtsnormen, die auf dem einen fundamentalen Rechtsgrundsatz des Rechtsstaates, dem der Unverletzlichkeit des Vermögens, beruhen.

Und wir haben sie gefunden zunächst induktiv durch Ableitung der Entscheidungsnorm einer ausgleichenden Entschädigung für rechtmäßige Eingriffe in wohlerworbene Privatrechte aus dem den einzelnen Bestimmungen des Wassergesetzes über den Ausgleich von Kollisionen rechtmäßiger Interessen zugrunde liegenden einheitlichen Rechtsgedanken.

Weiter deduktiv durch Subsumtion unter den allgemeinen öffentlichrechtlichen Rechtssatz der ausgleichenden Entschädigung für rechtmäßige Eingriffe der Staatshoheit in wohlerworbene Privatrechte.

Endlich durch die gebotene Anwendung der Enteignungsbestimmungen des Art. 153 II RVerf.

Das gefundene Ergebnis entspricht auch der Billigkeit und dem Gerechtigkeitsgefühl. Es ist so nicht nur positives, sondern auch richtiges Recht.

---

[1]) RGZ. 26. Januar 1912 Bd. 78 S. 202 f.

Literaturübersicht.

Erschöpfende Literaturangaben finden sich in folgenden Werken:

1. Zum Bayer. Wasserrechte:
   a) Kommentare zu den Wassergesetzen von 1852:
      Pözl. (2. Aufl. 1880).
      Reuß. (2. A. 1896).
   b) Kommentare zum Wassergesetz von 1907:
      Harster-Cassimir. (1908).
      Brenner 2. A. von Fergg. (1928).
      Eymann. (2. A. 1928/29).
2. Zur öffentlich-rechtlichen Entschädigung und zur Enteignung:
   Mayer Otto, Deutsches Verwaltungsrecht 3. A. 1924 (z. Bd. II §§ 33, 34; 53, 54).
   Fleiner, Institutionen des deutschen Verwaltungsrechtes. 8. A. 1928. (Zu § 18).
   Jellinek Walter, Verwaltungsrecht. 2. A. 1929 (Zu § 14).
   Anschütz, Die Verfassung des Deutschen Reiches vom 11. August 1919. 10. A. 1929. (Zu Art. 153).

Besonders hingewiesen sei auf folgende Veröffentlichungen, denen der Verfasser für die Behandlung der grundlegenden Frage des Flußeigentums Anregungen verdankt:

Hedemann, Sachenrecht des bürgerlichen Gesetzbuches (1924) II. Teil, Das Eigentum als dogmat. Grundbegriff.

— Die Umwandlung des Eigentumsbegriffes. (Recht und Wirtschaft 1922 Seite 585 f.)

DuChesne, Dynamisches Eigentum. (Archiv f. Rechts- u. Wirtschaftsphilosophie Bd. 18 Heft 3).

Aeström, Über das Wasserrecht in Nord- u. Mitteleuropa, (1905).

Huber Eugen, Die Gestaltung des Wasserrechts im künftigen Schweizerischen Rechte. (Zschr. f. Schweizer Recht n. F. Bd. 19 Seite 503 f. 723 f.)

Huber Max, Die Wasserrechte. (Züricher Beiträge zur Rechtswissenschaft Bd. 12 Seite 125 f).

Hofacker, Das „Eigentum" an Wasserläufen. (Verwaltungsarchiv Bd. 30 Seite 161 f.)

FSC
www.fsc.org
MIX
Papier | Fördert
gute Waldnutzung
FSC® C083411

Kolibri 360 GmbH
Ferdinand-Jühlke-Straße 7
99095 Erfurt, Deutschland
produktsicherheit@kolibri360.de